Animales en mi patio
LOS PÁJAROS CARPINTEROS

Aaron Carr

El enriquecido libro electrónico AV² te ofrece una experiencia bilingüe completa entre el inglés y el español para aprender el vocabulario de los dos idiomas.

This AV² media enhanced book gives you a fully bilingual experience between English and Spanish to learn the vocabulary of both languages.

Spanish

English

Navegación bilingüe AV²
AV² Bilingual Navigation

X CERRAR CLOSE

INICIO HOME

CHANGE LANGUAGE ENGLISH SPANISH
OPCIÓN DE IDIOMA LANGUAGE TOGGLE

BACK NEXT
CAMBIAR LA PÁGINA PAGE TURNING

VISTA PRELIMINAR PAGE PREVIEW

LOS PÁJAROS CARPINTEROS

ÍNDICE

Este es el pájaro carpintero.

Es un pájaro que suele escucharse picoteando los árboles.

Cuando es joven, vive en un nido con su familia.

Cuando es joven, su mamá y su papá lo cuidan.

6

7

Tiene un pico muy fuerte.

Su fuerte pico lo ayuda a hacer agujeros en los árboles.

Tiene una lengua muy larga.

Con su larga lengua puede llegar hasta su alimento dentro de pequeños agujeros.

Se alimenta de los insectos
que encuentra en los árboles.

En los árboles, también encuentra bellotas y nueces para comer.

Vuela como una mariposa.

Como las mariposas, vuela
por un camino ondulado.

Se comunica golpeando los árboles.

Golpeando los árboles, le dice a los demás pájaros carpinteros dónde está.

17

Se lo puede encontrar en casi todas partes del mundo.

En casi todas partes del mundo, vive en los bosques.

Si te encuentras con un pájaro carpintero, puede asustarse y huir volando.

Si te encuentras con un pájaro carpintero, no te acerques.

DATOS SOBRE LOS PÁJAROS CARPINTEROS

Estas páginas contienen más detalles sobre los interesantes datos de este libro. Están dirigidas a los adultos, como soporte, para que ayuden a los jóvenes lectores a redondear sus conocimientos sobre cada animal presentado en la serie *Animales en mi patio*.

Páginas 4–5

Los pájaros carpinteros son aves famosas por golpear los árboles. Existen cerca de 180 especies de pájaros carpinteros. Dependiendo de la especie, su tamaño puede ir desde 3 pulgadas (7,5 centímetros) hasta 24 pulgadas (60 cm) de largo. El picamaderos es el pájaro carpintero más grande que suele encontrarse en América del Norte. Puede medir hasta 19 pulgadas (48 cm) de largo.

Páginas 6–7

Los pájaros carpinteros viven en un nido con su familia cuando son jóvenes. Sus padres construyen juntos un agujero en el árbol para usar como nido. Luego, la hembra pone de uno a seis huevos. Ambos padres ayudan a incubar los huevos durante 11 a 18 días. Al mes de vida, la cría ya está lista para abandonar el nido.

Páginas 8–9

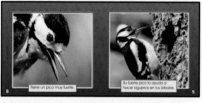

Los pájaros carpinteros tienen picos muy duros. El pico es largo y puntiagudo. Usan su pico como un cincel para romper la corteza y madera del árbol. Un pájaro carpintero puede dar hasta 20 picotazos por segundo, o hasta 12.000 picotazos por día. Su cráneo macizo tiene bolsas de aire que protegen al cerebro de los golpes ocasionados por el picoteo.

Páginas 10–11

Los pájaros carpinteros tienen lenguas muy largas. La lengua puede medir hasta 4 pulgadas (10 cm) de largo y tiene una sustancia pegajosa en la punta que la ayuda a adherirse a la comida. Algunas especies, como el picamaderos, tienen púas que miran hacia atrás en la lengua y empujan la comida hacia el interior de la boca. Cuando no la usan, enrollan la lengua en la parte posterior de la cabeza, entre el cráneo y la piel.

Páginas 12–13

Los pájaros carpinteros comen tanto plantas como animales. Son omnívoros, aunque su alimento principal son los insectos. Taladran los árboles en busca de hormigas y otros insectos. Los pájaros carpinteros también comen nueces, bellotas, semillas y frutos. Incluso taladran pequeños agujeritos en los árboles para comer su savia.

Páginas 14–15

Los pájaros carpinteros tienen un patrón de vuelo similar al de las mariposas. La mayoría vuela en forma lenta y ondulada. Los pájaros carpinteros vuelan repitiendo el patrón. Aletean tres o cuatro veces y luego planean. Los tres o cuatro aleteos son rápidos y luego planean con las alas pegadas al cuerpo y no desplegadas como la mayoría de las aves.

Páginas 16–17

Los pájaros carpinteros se comunican picoteando los árboles. A diferencia de los pájaros cantores, los pájaros carpinteros no son capaces de hacer sonidos intrincados. Pueden hacer sonidos básicos, pero la mayoría se comunica tamborileando en los árboles. Lo hacen golpeando su pico contra una superficie para producir un sonido. Esto lo pueden hacer para defender su territorio, atraer a su compañero o comunicarse con otro pájaro carpintero.

Páginas 18–19

Los pájaros carpinteros se encuentran en casi todas partes del mundo. Viven en todos los continentes menos en Australia y la Antártida. Existen unas 22 especies de pájaros carpinteros en América del Norte. La mayoría de los pájaros carpinteros permanecen dentro de una misma área, aunque algunas especies migran a climas más cálidos en el invierno. Se pueden encontrar pájaros carpinteros en los bosques caducifolios, coníferos y mixtos. Algunos viven también en el desierto.

Páginas 20–21

Es común encontrar pájaros carpinteros cerca de donde vive la gente. Algunas personas salen a buscar pájaros carpinteros durante las actividades de avistaje de aves. Otras, encuentran pájaros carpinteros picoteando los árboles de sus patios, e incluso en sus casas. Los pájaros carpinteros no son peligrosos y se van volando cuando la gente se les acerca.

¡Visita www.av2books.com para disfrutar de tu libro interactivo de inglés y español!

Check out www.av2books.com for your interactive English and Spanish ebook!

1 **Entra en www.av2books.com**
Go to www.av2books.com

2 **Ingresa tu código**
Enter book code

Z896789

3 **¡Alimenta tu imaginación en línea!**
Fuel your imagination online!

www.av2books.com

Published by AV² by Weigl
350 5th Avenue, 59th Floor New York, NY 10118
Website: www.av2books.com

Library of Congress Control Number: 2015953874

ISBN 978-1-4896-4257-8 (hardcover)
ISBN 978-1-4896-4258-5 (single-user eBook)
ISBN 978-1-4896-4259-2 (multi-user eBook)

Printed in the United States of America in Brainerd, Minnesota
1 2 3 4 5 6 7 8 9 0 19 18 17 16 15

102015
101515

Project Coordinator: Jared Siemens
Spanish Editor: Translation Cloud LLC
Designer: Mandy Christiansen

Every reasonable effort has been made to trace ownership and to obtain permission to reprint copyright material. The publisher would be pleased to have any errors or omissions brought to its attention so that they may be corrected in subsequent printings.

The publisher acknowledges Getty Images, Alamy, and iStock as the primary image suppliers for this title.